bleu nuit

bleu nuit

Eléonore Rinsma

© 2025, Eléonore Rinsma
instagram : harmonuit
© Illustrations par Eléonore Rinsma
© Écriture manuscrite par Zetafonts police Bimbo
Correction par Odile Rouvé

Édition : BoD · Books on Demand, 31 avenue Saint-Rémy, 57600 Forbach, bod@bod.fr
Impression : Libri Plureos GmbH, Friedensallee 273, 22763 Hamburg (Allemagne)
Impression à la demande.

ISBN : 978-2-3224-7954-2
Dépôt légal : Janvier 2025

« *Au nom de mon espoir
je m'inscris contre l'ombre.* »

Paul Éluard

« *Nous sommes tenaces
et on ne nous brisera pas en une nuit.* »

Nietzsche

Sommaire

Endormissement

au creux de ces pages
imparfaites
j'ai déposé mon cœur
en miettes
et en reconstruction

puisse-t-il se poser sur le tien
au passage

peut-être que lorsque le bonheur frappe à la porte
c'est toujours pour annoncer *une triste nouvelle*

j'adore ne rien faire
je suis une passionnée du rien
parce que c'est dans le rien
qu'on trouve tout

- *imagination*

des années durant
j'ai porté le parfum du désespoir
son odeur
m'est devenu si familière
que je ne sentais plus
que le néant

j'ai arrêté de parler et seul le silence m'a répondu

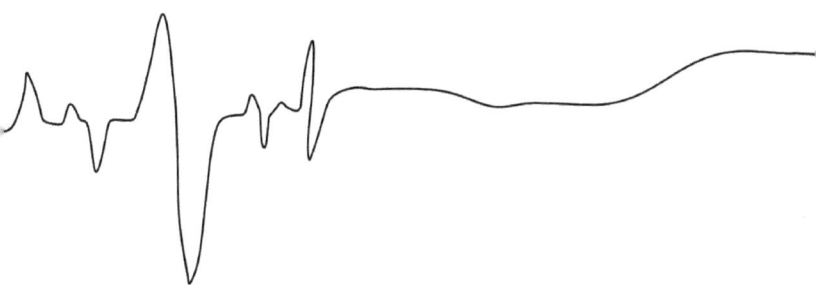

toutes les fois
où j'ai pleuré dehors
on m'a dit
que mes yeux étaient
encore plus beaux
comme si
la tristesse m'allait bien
malgré la profondeur
de mon chagrin
tout ce qu'ils voyaient en moi
n'était encore
qu'apparence

je suis fatiguée
de ne pas
croire en moi

je me demande parfois
si je serais comme elle
bipolaire
si ma vie sera tracée d'une ligne d'humeur
qui monte et qui descend
si ma personnalité sera tant changeante entre les saisons
que mes propres enfants
ne sauront plus quelle version de moi
est la vraie

si je suis le jour ou la nuit
si je suis l'agitation ou la paralysie
si je suis la passionnée ou l'impassibilité
si je suis celle qui veut vivre ou périr
si je suis l'amie ou la solitaire
si je suis la logorrhée ou le silence
si je suis la gourmandise ou l'inappétence
si je suis le désir ou l'indifférence

et si je suis une boussole
qui indique le nord et le sud à la fois
je ne suis ni l'un ni l'autre
je suis juste *une boussole cassée*

il y a tellement de choses que je ne dis plus
je me décroche petit à petit du monde

je suis encore jeune
et pourtant
j'ai ce sentiment
qu'une vie de repos toute entière
ne suffirait pas
à me rendre mon éclat

- lassitude

une envie de m'éteindre
ou m'engloutir
au fond de mon matelas
me laisser tomber
dans un mutisme le plus complet

- cette vie m'a rendue silencieuse

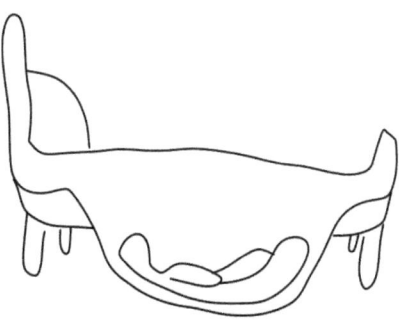

et si je pouvais remonter le temps
la seule chose que je changerais
c'est la fois où j'ai fermé les yeux pour toi
tu te souviens?
quand tu m'as endormie
en me vendant du rêve
j'aurais dû me réveiller
en sursaut

j'aimerais tout envoyer à la dérive
rentrer chez moi
au pays des sans frontières
entre la vie et la mort
et sans un bruit m'évaporer
comme de la fumée
dans l'air humide
d'un jour de pluie

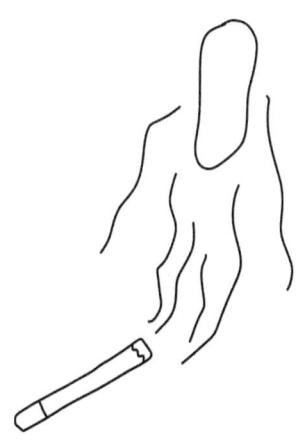

certaines choses continuent de me hanter et j'ai peur
de devoir faire avec ces fantômes
jusqu'à *la fin de mes nuits*

je serai ce *manoir hanté*

chaque miroir reflétera un souvenir
chaque pièce sera décorée de nostalgie
chaque fenêtre exprimera un horizon d'amertume
chaque couloir donnera sur une impasse
chaque porte ouvrira de faux espoirs
et chaque mur noir sera rongé par les regrets

alors je me baladerai
accompagnée de mes fantômes
je traînerai mes pas dans la poussière
en continuant de faire semblant

je ne regarderai plus dans les miroirs
je décorerai quelques pièces de *nouvelles aventures*
je jetterai un coup d'œil au-delà des fenêtres
je longerai les couloirs, jusqu'à cette porte
qui me donnera envie d'y croire encore
et je peindrai les murs en blanc

je serai ce ma*noir* blanc

je ne sais pas
qui m'a fait croire
que je ne méritais pas ma place
que je n'étais pas assez digne
mais j'y ai cru
assez longtemps
pour ne plus croire en moi
du tout

- culpabiliser d'exister

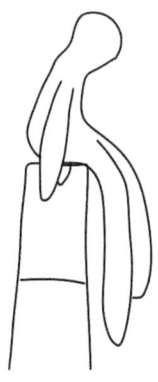

aux personnes
pour qui la dépression
n'a aucune résonance
sinon l'écho de la paresse ou la débilité
il m'est arrivé de les envier
de penser qu'ils sont si forts
alors qu'en réalité
je crois qu'ils souffrent aussi
seulement
ils ont réussi à ériger
un mur de pierre
effroyablement opaque
autour du coeur
qui ne leur permet plus d'accéder
sincèrement à leur sensibilité
et finalement j'ai de la peine pour eux
pour être limités dans l'empathie
pour avoir fondamentalement besoin
de cette forteresse
pour ne pas s'effondrer

moi j'ai choisi l'authenticité
de l'autre côté du mur

ce sont tes imperfections
qui font de toi un être
si singulier
et qui paraît-il
font aussi tout ton charme

apprends à aimer tout de toi
même tes failles

- j'y travaille encore

les rires résonnent
bien plus fort
lorsqu'ils éclatent
depuis les abîmes
depuis les gouffres
de la douleur

- *paradoxalement*

j'ai peur de m'endormir

- *cauchemars en attente*

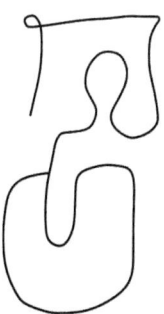

sur le quai du monde
je regarde les autres
avancer
pendant que je me trouve
suspendue en dehors
de toute agitation

il pleut des larmes au crépuscule
les étoiles pleurent en moi ce funambule

les gens sont à l'envers
tout se bouscule
entre réalité et virtualité
on se cogne entre des reflets
devenus bien trop réels

- le mal du siècle

le téléphone a été créé
pour devenir le meilleur ami de l'homme
mais c'est aussi
devenu son pire ennemi

- pharmakon

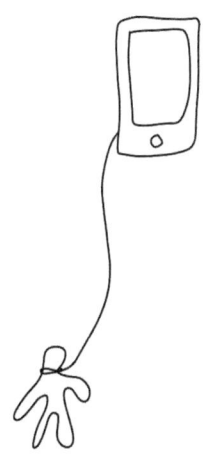

je fais partie
de ceux qui marchent à reculons
la tête enfumée
de ceux qui trébuchent
sur les pavés brisés
et dans les fossés creusés
par ceux qui se lèvent le matin
sans savoir pourquoi
ni comment
ils sont encore là
et j'admire tant
ceux qui ne se laissent pas
seulement
porter par le vent

je me demande
comment aurait été ma vie
si je n'avais pas grandi
à travers les griffes
d'une grande ville
et puis je me souviens
qu'il y a du vice
partout dans le monde
tant qu'il y a des cœurs
qui battent et de la vie
il y a de la pourriture

tu es la leçon que j'ai apprise par le coeur

- *plus jamais*

pleurer
de joie
un jour
rire
de nerfs
aux éclats
le lendemain
s'effondrer
le jour d'après

- *sensibilité*

découvrir chaque jour
l'évidente simultanéité
des phénomènes
des mouvements
des mécanismes
entre nous

cet effet papillon
qui provoque
une tornade dans nos cœurs
à l'unisson

- les débuts

je t'ai souhaité sous les étoiles
pour te regarder filer comme l'une d'elles

j'ai tant d'empathie pour les autres
que j'ai oublié d'en avoir pour moi

puisqu'autrui pense à ma place
où est la place de ma pensée ?

- *s'effacer pour l'autre*

j'ai passé ma vie à me punir
pour les crimes des autres

je veux bien partager mon parapluie
si tu tiens mon bras
peut-être que la pluie deviendra plus jolie

je veux bien partager mon soleil
si tu ne l'éteins pas
peut-être brillera-t-on mille fois plus fort

je veux bien partager mes nuits
si tu me laisses dormir
peut-être que mes nuits seront moins agitées

je veux bien que tu me tiennes la main
si tu ne me serres pas trop fort

je veux bien, tu sais
mais nous savons tous les deux
que je déteste la pluie
que mon soleil est fragile
et que mes nuits sont
terriblement noires

- il faudra apprendre

Sommeil paradoxal

j'ai tant de mal à profiter
je suis constamment aux aguets
à attendre que la pluie tombe
c'est comme si je tenais
le poids d'un parapluie
même les jours ensoleillés
si au moins je pouvais
accueillir le soleil
sans penser aux averses
je me délesterais
d'une grande part d'ombre
qui le plus souvent
est irrationnelle

- anticipation négative

- au musée des rêves

dans le musée étrange de mes nuits
rares sont les *rêves* joyeux
chaque peinture évoque
le ravage, la terreur, la mort
l'indicible se dessine
paysages et couleurs
me laissent sans voix au réveil
comment de tels *tableaux*
se cachent au fond de moi
vais-je une nuit pouvoir dormir
sans être fatiguée le lendemain

certains disent que je suis superficielle
demandez-leur s'ils savent ce que c'est
de détester la réalité
au point de *vouloir tout sublimer*

on aurait dit que le monde
attendait de moi que je sois belle
et non autre chose
comme si ce que j'étais au fond
ne comptait pas

j'ai fini par cultiver les masques

maquillage, vêtements, bijoux et faux sourires

parce que mon naturel n'était pas suffisant à leurs yeux
il était devenu insupportable aux miens

comme on dit
l'enfer c'est les autres
surtout lorsqu'on se construit
à travers son regard
dans cette société
qui privilégie les apparences
au détriment de l'être

si j'ai des poches sous les yeux
c'est à force de pleurer à l'envers
mes larmes coulent de l'intérieur

- *se retenir*

je suis ici et ailleurs
j'ai toujours été
ici et ailleurs en même temps
je suis une rêveuse
je m'échappe par la pensée
un peu trop souvent
et souvent c'est compliqué de revenir
dans le moment présent
dans la réalité
je vis avec
parce que c'est ce que j'ai toujours connu
être là sans l'être
mais j'aimerais que ça s'arrête
que j'arrête de me raconter des histoires
pour les vivre réellement
pour être présente dans le présent

- vivre ici et maintenant

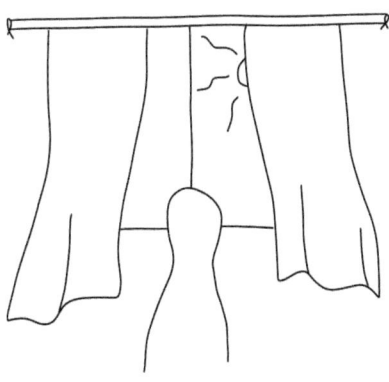

- à mes heures perdues de lycéenne

une soudaine envie d'écrire
de m'isoler dans *ma cage transparente*
le temps d'un instant
le besoin de s'évader est présent
mais surtout ne pleure pas Éléonore
la journée est encore longue

par la fenêtre de la classe
j'observe la lumière
qui tape sur les bâtiments en face du lycée
les oiseaux emmitouflés dans leurs plumes
profitent de la chaleur du midi qui s'approche
silencieusement
une fenêtre s'ouvre et se ferme
aujourd'hui
les palmes ne dansent pas avec le vent
c'est paisible
un homme fume une cigarette sur son balcon
il ne se doute pas que je regarde
que j'aime voir la fumée s'évaporer
à travers cette lumière d'espérance
une bouffée d'air toxique brumeuse
qui disparait harmonieusement
sous les rayons du soleil
sur fond bleu azur

l'heure s'est enfin écoulée
sans une seule larme
le bâtiment en face
est alors recouvert d'ombre

les oiseaux vont chercher
le bonheur ailleurs
et moi
je le cherche encore désespérément

dos rond
tête baissée
musique dans les oreilles
stylo à la main
j'attends qu'il se passe enfin
quelque chose de grand
retentis petite sonnerie aux grands pouvoirs
je veux sortir

je veux être libre

ce soir c'est la pleine lune
et l'hiver arrive
mon coeur se refroidit
il est lourd et vide
je lève les yeux et je vois
un *coeur brisé* dans le ciel
les nuages me parlent
me disent que tu n'es plus là
mais si je ferme les yeux
dans le noir
c'est encore toi que je vois

- *fantôme*

tu étais ma maison
et quand tu es parti
je me suis retrouvée
à la rue
de ton absence

j'envie ceux
qui ne se souviennent
que très peu
de ce qui se passe la nuit
aux royaumes des songes
ils se réveillent
sans le goût amer
que laissent
les mauvais rêves

si j'étais un arbre je serais un saule-pleureur
comme lui je voudrai pouvoir
verser des larmes avec grâce

- portrait chinois

du haut de ma vingtaine
je n'ai pas fait grand chose dans ma vie
ô mais par amour en revanche
j'aurai tout donné

par amour
j'ai attendu, tellement attendu
que je ne comptais plus
les jours passant
les souvenirs auxquels je me raccrochais
prenaient la poussière
mais moi
j'attendais en vain

par amour
je me suis mise de côté
trop souvent je me suis oubliée
et j'ai accepté
que l'on me répète
« je ne sais pas comment tu fais »

par amour
j'ai gardé la foi
j'ai refusé d'écouter ma raison
tant de fois
lorsqu'elle me suppliait de faire attention

par amour
j'ai versé tant de larmes
en me disant que ça en valait la peine
de m'être donnée corps et âme

par amour
j'ai changé
j'ai passé toutes ces nuits à réfléchir
comment faire pour que cela fonctionne
comme si l'amour était une entreprise
à plein temps

finalement,
par amour peut-être
certains diront que j'ai perdu du temps
mais je ne regrette rien
malgré la souffrance
et les déceptions
j'ai pu cultiver l'amour de soi
à travers des yeux
que je ne pouvais poser sur moi
des yeux qui m'ont parlé
qui m'ont dit
que je mérite de m'aimer

par amour de l'autre
j'ai appris à m'aimer aussi

que c'est épuisant
de faire le *deuil des vivants*

je n'ai jamais cru aux contes de fées
mais j'ai toujours espéré en vivre un

- rêve d'enfant

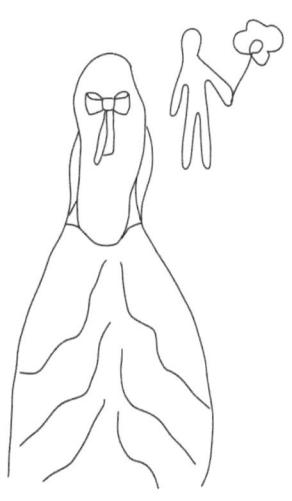

elles subsistent
sans relâche
chez les passionnés
les renversés du cœur
les penseurs dilacérés

- *insomnies*

mon chagrin m'aura tout pris
il a jeté mon bonheur
dans un oubli si grand
que j'ai douté
d'avoir un jour
eu la chance
de le rencontrer
et de m'être déjà assise à sa table

je ne suis pas folle
c'est ce que j'ai vécu
qui ressemble
à de la folie

la nuit derrière
j'ai encore fait un cauchemar
je revivais
l'une des pires nuits de ma vie
mais différemment
cette fois
j'ai pu fuir ces loups
j'ai réussi à me cacher sous un lit
tout est devenu sourd
et noir
puis le bruit est revenu
les couleurs aussi
et je suis sortie de ma cachette
je me suis armée
de fer
et j'ai hurlé à ces loups
à ces corps nus sans âme
de dégager
avant que ce ne soit moi
qui les plante

- alors c'est devenu un rêve

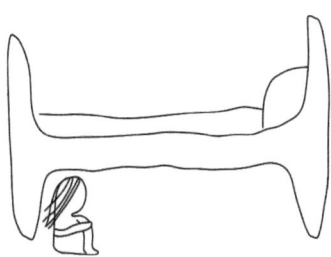

parfois j'aurais aimé vivre
à une époque différente
pour savoir si c'est mon époque
qui m'a rendu folle
ou si c'est juste moi

parfois j'aurais aimé
aimer vivre

parfois je me détache
de la réalité
je deviens cette caméra
dans le coin de la pièce
et le vide s'empare de moi

et parfois ça va
mais ça ne dure jamais

- *déréalisation*

il y a longtemps
qu'une pluie de larmes
n'a pas fait surface
les nuages de mon ciel
sont figés dans le temps
cachant soleil et étoiles
ne laissant passer aucun coup de foudre
seulement du vent
et des soupirs

j'ai rejeté et maudit
ce monde
alors qu'il m'a offert
la santé et la liberté
tandis que d'autres
ont grandi dans la misère
la vraie
moi j'avais tout
et pourtant
ça ne m'a pas suffi
peut-être me manquait-il
un essentiel
immatériel
pour affronter
un monde
rempli de haine

- *misère de soi*

malaise de l'être

- un monde fait pour la tristesse

je me surprends souvent à imaginer
un lieu de convalescence
pour les cassés du cœur
les fatigués de l'esprit
un lieu qui accueillerait la dépression
un lieu de repli
qui ne demande rien en retour
qui n'attend rien de nous
pas un lieu de débauche non
juste un lieu de survie, de contemplation
aucune responsabilité
aucun but
juste le vent qui porte
les oiseaux chantant
ou le silence qu'importe
tant qu'il y a de l'eau
un peu de sucre, de salé
du tabac et de la musique
de quoi vivre sans se soucier du lendemain
un peu comme un camp de vacances
qui ne se termine pas, jamais
peut-être certains voudront retenter le coup
et repartir dans le tourbillon de la vie
plus apaisés, sans doute
avec plus d'envies d'ailleurs et d'horizons
ou bien certains ne voudront jamais quitter cet endroit
je ne sais pas

mais cet endroit n'existe pas
alors à quoi bon le rêver
puisque la vraie vie
n'est pas faite pour ceux-là
pour ceux comme moi

j'ai de la cendre
sous les yeux
mon coeur brûle
de fatigue
et de fièvre
il me supplie
de lui accorder
une trêve
comment lui avouer
que je n'ai pas ça
en réserve

- *rupture d'antidouleur*

j'ai décidé je crois
de fermer les yeux dans ce manège
pour ne plus avoir mal au cœur

ce manège qu'est devenu le train de ma vie
en sauter ne serait pas l'issue
si je m'écrase à terre

les hauts, les bas
les nuages, les enfers
m'ont donné la nausée

- montagnes russes

une éternité qu'une étoile filante n'a pas réanimé mon âme

- je ne souhaite plus

pour me protéger
j'ai du mettre mes émotions
dans une boîte
fermée à double tour

pour me protéger
j'ai du mettre mes émotions
dans une bouteille
que j'ai envoyée à la dérive

je ne ressens plus rien
que le silence, le vide

et si je n'arrivais pas à m'en sortir ?
et si après ça,
j'étais brisée pour toujours ?

- *se renfermer*

je me dis que pour aimer
il faut avoir un grand coeur
ou être un grand fou
puis je me dis aussi
qu'une vie sans amour
est une plus grande folie encore

si le manque était un parfum
il porterait ton odeur

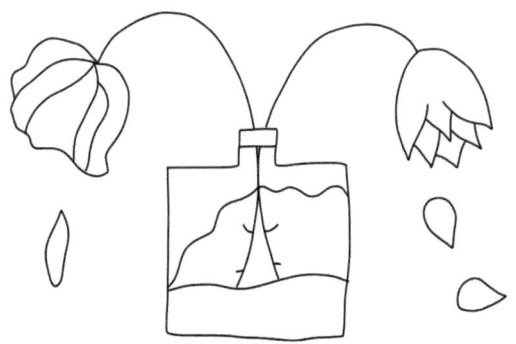

combien de fois
combien de nuits
avons-nous rêvé
l'un de l'autre
sans se le dire

ivre de liberté
l'oiseau errant
emprunte les vents
de minuit
ignorant les rêves figés
d'une ville endormie
loin des entraves
du jour
sans lien ni appui

- échappée nocturne

qui pardonnera
l'impardonnable
si tu ne le fais pas
personne
et tu le sais
alors tu prends ce fardeau sur tes épaules
et tu le fais
tu acceptes
comme si tu étais le seul être
capable de pardon
sans limite

est-ce l'amour
ou la peur d'être seul
qui te pousse à pardonner
l'impardonnable ?

si tu t'effaces pour l'autre
il ne t'aimera pas plus
s'il ne reste rien de toi
de qui s'éprend-t-il au juste ?

- *mirage*

quelle ironie
d'être fatiguée
tout le temps
sauf la nuit

un jour je dormirai bien
un jour je ne ferai plus de cauchemar
un jour je n'aurai plus de flashback
un jour j'arrêterai d'ouvrir les yeux dans le noir

un jour je mangerai bien
un jour je cuisinerai
un jour je pourrai manger sans me forcer

un jour j'arrêterai de fumer
un jour je me réveillerai avec l'envie de me lever
un jour j'aurai envie de vivre, vraiment

un jour j'arrêterai d'attendre l'impossible
un jour je le rendrai possible

un jour j'arrêterai de boire
un jour j'arrêterai de croire que c'est la solution

un jour j'arrêterai d'être insatisfaite
un jour je m'accepterai comme je suis

un jour je ne chercherai plus à être aimée
un jour je m'aimerai, moi
un jour je ne blâmerai plus la solitude
un jour elle sera ma plus grande force

un jour mes peurs ne me contrôleront plus
un jour je n'aurai plus honte de mes cicatrices

un jour mon corps redeviendra le mien
un jour mon esprit s'apaisera

un jour, j'espère

mais cette nuit
j'ai peur, encore
que seule la mort
puisse m'offrir ce jour

cette nuit je ne trouve pas le chemin de Morphée
cette nuit j'ai trop fumé le ventre vide
cette nuit va encore être longue

est-ce que j'en ai les larmes aux yeux ?

que mes nuits sont vêtues de noir depuis si longtemps ?

non, je ne pleure plus

cette nuit je suis seule et c'est pas grave
seulement demain, rien n'aura changé
mais un jour, j'avancerai

Paralysie

on me répète toujours que
ce que j'écris est trop sombre
comme si l'obscurité n'existait pas
et ne devrait pas exister

mais vous savez
il n'y aurait pas de lumière
sans noirceur
il n'y aurait pas de bonheur
sans souffrance

et je ne serais pas qui je suis
sans tout ça

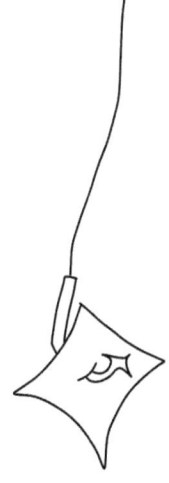

elle te prend dans ses bras
elle te serre fort
et ne te lâche plus
jusqu'à ce que l'air te manque

- angoisse

cette chose qui arrive sans prévenir
qui te délecte de tout ce que tu crois posséder
soudain le monde s'écroule sous tes pieds et tout dégouline

je ressens ces éclats de verre dans ma gorge nouée
le poids du monde s'écraser sur ma poitrine
la chaleur envahir mon corps
mes poumons se vider de leur air
mon rythme cardiaque s'emballer
mes pensées me foudroyer
mon âme se liquéfier
je sens chaque partie de moi m'abandonner
jusqu'à l'infirmité
à cause de toi
je suis démunie de tout

je ne sais comment guérir ces maux
j'imagine que la seule chose à faire est
de laisser le volcan entrer en irruption

exploser
crier
pleurer

faire une crise d'angoisse
c'est comme arriver
une nouvelle fois au monde
sans être prêt pour ça
c'est sentir l'impuissance
au plus profond de son être
telle une gifle invisible
qui s'abat sans crier gare
sur le visage de la stupeur
pour te rappeler
combien tu es médiocre

tout ce qu'elle touche
finit par pourrir

- la souffrance est contagieuse

en ce moment, je sais pas trop
je crois que *j'ai oublié de vivre*
je m'efforce de ne pas trop penser
j'ai déjà, trop pensé

- anesthésie

nouer des liens sans finir par s'étrangler avec

- *dépendance affective*

j'aurais voulu écrire des milliers de mots
pour te faire entendre raison
te dire à quel point tu te trompes

tu m'as coupé la voix
et puis les mots
il ne reste que le silence
un silence de mort
qui fait tant de bruit

j'aurais voulu écrire des milliers de mots
pour te dire que je t'aime
et que je te déteste à la fois

comment ne pas te fuir
si j'ai peur de toi
peur de t'aimer
peur de m'aimer
à travers tes yeux de loup
tendrement affamé
mais dis moi quelle mouche t'a piqué
pourquoi tant de colère
de violence

je n'avais rien demandé de tout ça
tu es venu me chercher
pour m'amener
au plus loin de moi
pour que je sois au plus proche de toi

tu as voulu me façonner
comme si je n'étais pas assez
et le pire
c'est que je t'ai cru
j'ai cru que c'était de l'amour
j'ai cru que c'était pour ton bien
pour notre bien

tu étais trop beau pour être vrai
et si tout est faux
je t'en prie
délivre moi du mal
de la peine que tu causes
de cette toile d'araignée
que tu as tissée
dans mon esprit

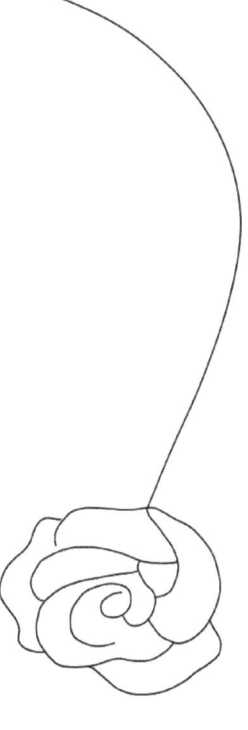

ne me punis pas
ne me blâme pas
je n'y peux rien
j'ai juste voulu y croire
et aujourd'hui
je ne crois plus en rien

je sais seulement que ce combat
n'est plus le mien
un jour peut-être
tu comprendras

en minimisant
leurs actes
j'ai minimisé
ma dignité

je ne ferai
plus jamais
semblant
de ne pas comprendre
que c'est mal

- le corps parle de lui-même

qui plongera dans mes océans de larmes
qui me sauvera de cette noyade
qui lira mes mots, mes pages
qui me verra telle que je suis
qui saura lire entre les lignes
que je n'écris pas

- si ce n'est pas moi ?

écrire mes peines
m'a permis d'extirper
tout ce que j'avais de plus laid
en moi
hors de moi

j'ai vomi mon coeur
et mon âme nauséeuse

c'est ça
l'écriture
n'est-ce pas ?
cette nausée qui contraint
le coeur noir de jaillir
impérativement
à l'extérieur

- vomir de tout son coeur

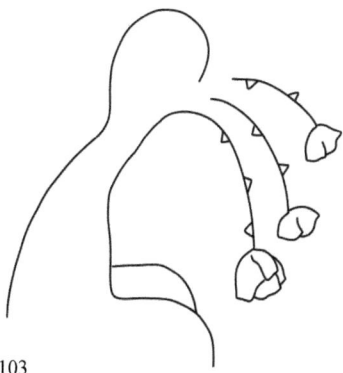

tout est passager et éphémère
tout se meurt
excepté l'essence des choses
tant qu'il y a de l'être pour la faire exister

si je ne vis pas
plus rien n'existera pour moi
si j'oublie de vivre
alors j'oublie tout
si je ne pense pas
je cesse de faire exister les choses en moi
alors plus rien n'a de sens
plus rien n'a d'essence

là toute l'absurdité de la vie que je mène
car plus aucun mot n'a de sens
je ne pense plus
si je ne crois plus en rien
de ce que je croyais avant
après avoir tout remis en cause
alors tout ce en quoi je croyais s'est effondré
et n'existera plus

sans espoir, sans croyance, qu'est ce qu'il me reste ?
la vérité ?
qui sait pendant combien de temps je la supporterai

cette triste vérité

il m'arrive de vouloir
retrouver ma naïveté
même si c'est elle
qui m'aura brisée

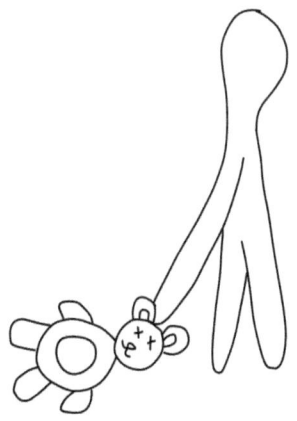

aux pères et mères
qui ont osé maltraiter
leurs enfants
leurs propres chairs
sans même dénier
l'assumer
dans un après-coup
et encore moins
demander pardon
vous qui avez ensuite
laissé vos enfants
s'éloigner
dans le silence
je me demande
comment vous faites
pour regarder
chaque matin
le reflet du mensonge
dans le miroir
en vous persuadant que
c'est de la faute
de l'enfant
alors que c'est vous
l'adulte

- mes parents ne sont pas de ceux-là

tout est devenu gris
c'est la tempête dans sa tête
ses yeux bleu-ciel
pleurent
toute la pluie du monde

- *perles de nuage*

je suis toujours en vie
alors que mon cœur bat encore
pour la mort

- « *ce qui ne te tue pas te rend plus fort* »

- non
  cela m'a surtout rendue
  plus faible
  plus fragile
  et plus vulnérable
  qu'une personne
  qui n'a pas eu à essuyer de tirs
  tout ça
  à un âge où je n'étais pas supposée
  être plus forte

j'ai écrit sur mes bras
des lignes que je n'ai jamais su dire

j'ai trop appris
à intérioriser ma colère
aujourd'hui je ne sais plus
comment la faire sortir
de la bonne manière

- y'en a-t-il une ?

je me suis causée tellement de tort
à moi-même
que j'ai encore du mal à me pardonner
de m'être laissé tomber
si loin
si tard
si jeune
dans des rues cruellement sombres

- le puits sans fond de mon passé qui résonne

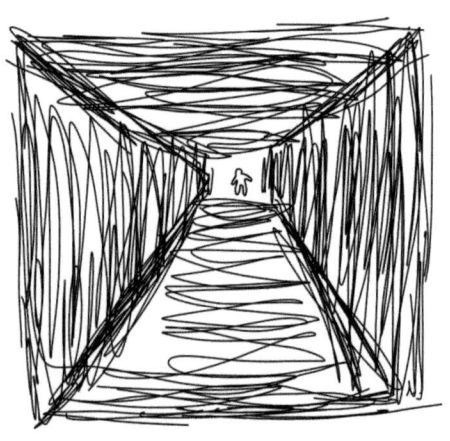

il y a des bouts de moi
que l'alcool m'a pris
que je ne récupérerai guère
je m'en veux terriblement
de m'être laissée emporter
par ma soif d'oubli
elle, qui m'a paradoxalement
infligé l'inoubliable

- culpabilité

la dépression rend aveugle
elle met un voile
sur tous les dangers

quand la peur n'existe plus
nous sommes aux confins
de la déshumanisation

parce que la peur de la mort
est ce qui nous différencie des objets
c'est elle
qui donne un sens à notre vie

mais si la peur de demain n'existe plus
tout devient absurde

les souvenirs
les images
restent
mais le cœur
ne saigne plus
absolument tout
se dissipe
dans le temps
si ce n'est la trace
que laissent
les plaies
béantes

- cicatrices

j'ai tenté de leur dire
que la dépression n'est pas une vague
que l'on peut traverser aisément
elle est une marée noire
collante
qui s'empare de l'usage
de tout ton être
qui s'infiltre dans l'esprit
épuise ton corps
même les cheveux deviennent ternes
et les ongles se ramollissent
absolument tout fait mal
chaque geste devient trop lourd
et si un sourire parvient à se dessiner
elle le réduira à l'interdit
sans t'en apercevoir
tu deviens ce fruit pourri
plaqué au fond de la corbeille
abandonné à la lenteur de sa déchéance

- l'écorcheuse d'envie

j'aurais aimé savoir comment dé-paralyser
l'âme sans avoir à frôler la mort

– électrochoc

je ne sais pas si la vie vaut la peine d'être vécue
mais elle mérite d'être *folle*

quand on est fou on ne s'ennuie jamais

elle sommeille toujours en moi
même sans trop faire de bruit
elle chuchote aussi la nuit

- la folie ne dort pas

mes pensées me donnent le mal de mer

- *dégoût*

et si je vous disais que
ma folie me manque
après avoir passé tout ce temps
à la dompter
est-ce de la folie ?

cette envie de ne jamais se réveiller
ouvrir les yeux
et vouloir les refermer
repousser
chaque seconde cet instant
où je dois
me sortir du lit
quand je veux simplement
me rendormir
toute une vie

– tristesse matinale

le sommeil
une mort sans douleur
mon lit
un tombeau douillet
j'appelle ça
le suicide léthargique
il est indolore
calme
et surtout
il n'inquiète personne
quels en sont les symptômes ?

le mal de vivre

je ne vois ni soleil ni source d'eau
dans le jardin douloureux
de mon histoire remplie d'épines
tout a pourri
rien ne peut fleurir à nouveau
je suis fanée

une fois ma mère m'a dit en rigolant
que j'allais me faire des escarres
à force d'être apathique
c'est vrai
qu'il y a des jours d'affilée
où je ne vois plus la lumière
du dehors
où j'oublie qu'il y a de la vie
ou de la mort
et quand arrive le moment
de repasser la porte
j'ai mal aux sens
j'ai perdu l'habitude
du soleil
et du bruit de la ville
dans ma solitude
mais ça
personne ne le sait
je me suis lavée
habillée et maquillée
comme si je n'avais pas passé
les derniers jours
tordue dans l'ombre
à pourrir sur mon lit

- *errance entre quatre murs*

où est la vérité
où est le mensonge
que dois-je écouter
le cœur ou la raison
est-ce la bêtise ou la nature humaine
je suis perdue dans tout ce cirque
j'ai mal au coeur c'est physiologique
est-ce normal ou pathologique

- doute vertigineux

je vois des hommes haïr
toutes les femmes
parce qu'une seule
leur a fait du mal

moi je me bats
pour les aimer
alors qu'ils ont été
des centaines
à m'avoir piétinée

mon propre bourreau
j'ai été

c'est de ma faute
me suis-je répété

mais il est temps
d'accepter
sans honte ni remords
l'ombre de la victime
que j'ai été
sans en faire le masque
qui me définit

j'ai retrouvé assez d'estime
pour le reconnaître
je suis prête à ressentir pleinement
la colère
la tristesse
du poids que je n'ai pas à assumer

je ne méritais pas ça
et je n'y suis pour rien
toi non plus
et je te crois

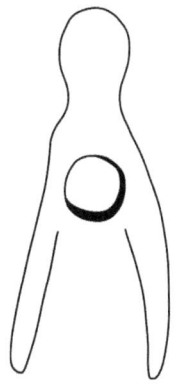

avec le temps
il arrive des jours
des semaines
sans que j'y pense
et ça fait du bien
d'oublier
et pour autant
je déteste l'oubli
par sa faute
on retombe sans arrêt
dans les mêmes abysses
après tout
une glissade
ce n'est pas grand chose
quand on a déjà surmonté le pire
et c'est là qu'on se trompe
chaque chute
reste une chute
à partir du moment
où l'on oublie
qu'on est déjà tombé dans le même puits

bien que sans l'oubli
on ne pourrait jamais
se relever
respirer
y croire encore
pour retomber

encore et encore

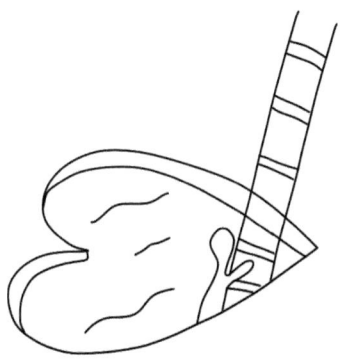

Réveil

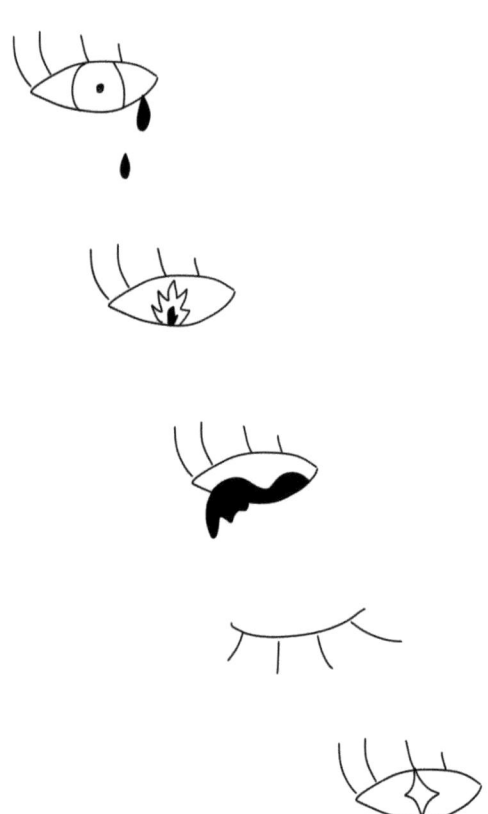

épuisée par les désillusions
je me suis endormie
au palais des mille déceptions
j'ai perdu ma lumière
dans mon sommeil
il n'y avait plus de place
pour les jolis rêves
je me suis trouvée à l'endroit
où le soleil ne brille pas
une éternité durant
tétanisée par la peur
de traverser ce couloir
si sombre
je suis restée figée
à attendre qu'un autre
rallume la lumière à ma place
alors que pendant tout ce temps
l'étincelle se trouvait toujours là
quelque part
au fond de moi

il fallait que j'ouvre les yeux
pour voir
que je brillais encore dans le noir

- l'étoile qui est en toi

le problème
quand tu ne vois pas
que tu brilles
c'est que tu ne vois pas non plus
à quel point
d'autres
veulent t'éteindre

- *ouvre les yeux*

chasse les voleurs de lumière
de ton ciel
et n'oublie pas que les étoiles
ne sont pas jalouses
entre elles

j'ai passé une grand part de mon enfance
à être une autre
pour fuir la réalité
les temps de jeux
mon imagination me faisait voyager
dans une infinité de rôles
je pouvais être n'importe qui
à en perdre la notion du temps
aussi avec mes soeurs de jeux
on jouait souvent aux « adolescentes »
avec des téléphones qui ne marchaient pas
on faisait semblant d'avoir
quelqu'un à qui envoyer des textos
je me rappelle de ce temps où
je voulais absolument
avoir quatorze ans
aujourd'hui encore
je ne sais toujours pas pourquoi
petite, j'adorais cet âge
je voulais grandir trop vite
sans savoir tristement
que mes quatorze ans
deviendraient mes pires années
je ne jouais plus, pourtant
ma vie toute entière s'est transformée
en une scène de théâtre
dans laquelle je feignais
chaque jour que le soleil faisait
que j'allais bien

alors qu'au fond
je hurlais
je ne voulais plus grandir
j'ai délaissé mes jeux de rôles
et mes poupées
pour jouer avec ma propre vie
qui n'avait plus de valeur
à mes yeux
j'avais tellement
mal à l'intérieur que
j'ai passé toute mon adolescence
à ne plus vouloir être
du tout

il a fallu que j'apprenne
à ne plus jouer avec la vie
ne plus fuir
je me suis efforcée d'être
malgré tout
j'ai fait avec les décors
imposés par la réalité
et j'ai dû accepter
de jouer mon propre rôle principal
dans la pièce toute petite
qu'est ma vie

et vous savez quoi
j'ai réussi

puisque mon monde est devenu tout noir
j'ai dû apprendre à déambuler à l'aveugle

au beau milieu de ce vide
dénué de plafond ou de sol
j'ai erré

cette solitude indescriptible
je la perçois dans mon corps
c'est terrifiant
je flotte dans l'obscurité, sans rien pour m'accrocher
mon âme s'égare dans cet immense vide
et j'ai peur de tomber

il a fallu que je crée, *un monde plus coloré*
pour tenir, pour m'accrocher
trouver un plafond, une limite, qui ne pourrait s'écrouler
inventer un sol, une loi de gravité, pour m'y reposer

puisque mon monde est devenu tout noir
j'ai dû apprendre à y mettre les couleurs

un peu de bleu pour un ciel dégagé
une pointe de vert pour l'harmonie
du blanc pour la sagesse et la bienveillance
un trait de rose pour la douceur
beaucoup de rouge pour la passion

- *grandir en peinture*

j'ai demandé à mon esprit
de desserrer ses chaines
il m'a répondu
qu'il fallait de la patience
et beaucoup de tolérance
envers soi-même

la première fois que je suis allée en thérapie
n'était pas une option
mais
continuer d'y aller
fut l'une des meilleures choses
que j'ai faite
pour moi

- *guérir est un choix*

il ne faudrait
jamais avoir honte
de son passé

si tu veux être sauvé
attrape chaque main
qui te sera tendue
attrape les fort
accroches-y toi
tu peux le faire
il suffit d'y croire
juste encore un peu

je la remercie
à chaque fin de séance
lorsqu'on se dit à la semaine prochaine
ça fait beaucoup de merci
depuis toutes ces années
hélas j'ai bien peur que
ça ne sera jamais assez
pour m'avoir comprise
dès notre première rencontre
pour avoir entendu
au-delà de mes silences
mes hurlements

- relation thérapeutique

tant pis si
je ne suis pas à la hauteur
pas parfaite
ou bien si
j'ai l'impression
d'en faire trop
d'être trop
j'ai le droit
de prendre un peu de place
moi aussi

- j'apprends à ne plus être désolée d'être

les gens trop fiers remplissent les tombes de regrets

- réveille-toi

savoir se choisir n'est pas un crime

égoisme

bienveillant

envers

soi-même

demande-toi
si la mort te heurte
auras-tu des regrets ?
ou bien auras-tu accompli
ce que tu désirais ?

si l'on veut
pouvoir partir
sans se retourner
le coeur léger
il faut sans doute
cesser de repousser
à demain
ce qu'on veut
sincèrement
réaliser
dès maintenant

- *soudain la vie paraît infiniment plus exaltante*

écoute ta voix intérieure
celle qui te veut du bien
pas l'autre qui se nourrit
de tes peurs
celle-ci ne sait rien
du bonheur

je suis nulle
en mathématiques
politique
réthorique
et beaucoup d'autres domaines
mais s'il y a bien une chose
que je sais faire c'est
le savoir d'écouter les peines

un savoir qui se fait rare
dans un monde qui n'écoute pas

silencieuse dans
le brouillard de mes nuits
j'écris sur des mélodies
pour m'endormir
et me réveiller
d'un long sommeil
vide de sens

- prendre conscience

guérir
ça prends du temps
ce n'est pas linéaire
on avance à pas de fourmi
avec l'impression de faire du surplace
pendant un siècle

le chemin est si long
qu'à l'arrivée
on en vient à oublier
d'où l'on vient
et quand on regarde en arrière
on n'y croit pas
on se demande

« *comment ai-je fait pour me relever ?* »

cautérisation

par le temps

aucune destination
n'est promise
sur le quai
de l'incertitude
le train
pour un nouveau départ
ne possède
ni horaire
ni gare
peut-être est-ce
lorsqu'on décide
de monter dans le train
de prendre le risque
que l'avenir
se dévoile
enfin

- un ticket s'il vous plaît

ce fossé
entre les autres et moi
a finalement fini par s'estomper

depuis que j'ai arrêté de vivre
comme un vulgaire objet
que je balançais dans les escaliers

depuis que la peur de tomber
est revenue

- je suis à nouveau humaine

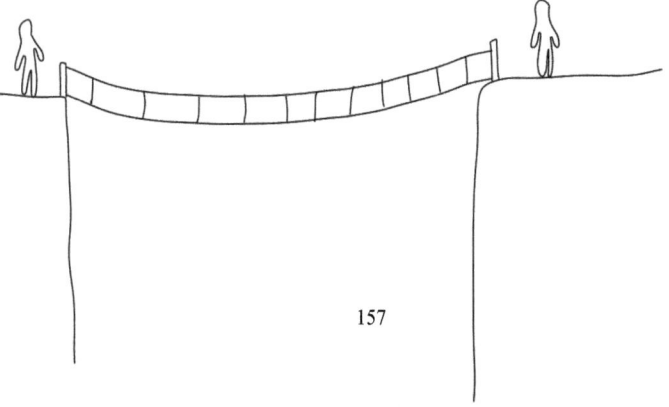

chère moi

ne sois pas trop dure avec toi-même
le monde est bien assez brutal

cherche de la douceur tant que c'est possible
n'oublie pas que la santé n'est pas acquise
alors profites-en. marche, galope, grimpe, nage, respire
aide ton prochain, il a besoin de toi
tu as besoin de lui
écris des mots d'amour
avant de jeter, répare
puisque tu as la chance d'en avoir
pose beaucoup de questions à tes parents
à tes grands parents, ils ne sont pas éternels

apprends à pardonner, apprends à oublier
je sais que tu as peur de l'oubli
mais si les choses s'effacent, c'est pour mieux avancer
tout ne tourne pas autour de toi
regarde ailleurs, ouvre les yeux
n'arrête jamais de t'instruire, voyage
tu connais tes limites, essaye de les respecter
je sais que ce n'est pas facile
tu vas y arriver, tu es *infiniment capable*
tes angoisses prouvent que tu es bien vivante
lâche-prise, tu ne peux ni tout contrôler
ni sauver tout le monde

personne ne connait mieux ta valeur que toi-même
et si elle t'échappe, tourne-toi vers tes amis
ils seront là pour te rappeler qui tu es
tu es magique
ne laisse pas ta fierté te guider, sois humble
c'est pas grave s'ils ne te comprennent pas
dis-toi simplement que c'est mieux pour eux
l'ignorance est parfois plus *facile à vivre*
essaye d'être optimiste, ça peut te faire du bien
qui sait ?

ne cesse jamais de rêver et d'espérer
le bonheur est à portée de main, *tends-la*
même si ça fait peur, vas-y, saute
tu retomberas toujours sur tes deux jambes
tu es encore jeune
tu as *le temps de devenir* qui tu veux
prends soin de toi

cordialement

cette douleur du passé
on continue de s'y agripper
parce que parfois
elle est ce qu'on croit
n'avoir toujours connue

il y a cette étrange crainte
de s'abandonner
à ce qu'on ne connait plus
à cet inconnu bien-être

il nous faut alors
appréhender
une nouvelle rencontre
avec l'étranger
du bonheur

- *il est plutôt charmant*

à cette amie qui un jour m'a conté sa vie
et m'a décrit les pires horreurs
qu'un homme
lui avait fait subir
je me rappelle avoir pleuré
lorsqu'elle m'a dit
qu'elle avait dansé sous la pluie
en apprenant qu'il avait fini
derrière les barreaux
elle voulait écrire un livre
qui s'appellerait
« j'ai dansé sous la pluie »
mais mon amie a fait mieux que ça
elle a tourné la page
et elle a chanté au monde
sa renaissance

à cette amie qui m'a dit
que j'étais un papillon
fait pour voler
et non être
enfermée dans une cage

je te remercie de me soutenir
comme la grande sœur
que je n'ai jamais eue

cette nuit d'été
je regarde le ciel noir sans avoir peur
cette nuit d'été
les étoiles pleurent sans moi
mes yeux ont séché depuis
si vous saviez
leurs larmes filantes
ont exaucé mon vœu
je suis ici
avec toi

- l'amour de ma nuit

apprenez-moi à dormir
pour que j'aille au bout de mes rêves

apprenez-moi à me réveiller
pour que je les réalise

- *rêver en grand*

je me souviens encore
de ce matin de Noël à Paris
dans mon pyjama rose
les yeux pas tout à fait réveillés
j'ai reçu
mon tant attendu cheval magique Barbie
j'étais la plus heureuse

et puis la magie de Noël s'est éteinte
je n'y voyais plus d'intérêt
que *d'hypocrisie*
être si seule
au milieu de ses proches
chercher dans leurs regards
quelque chose que je ne pouvais trouver
c'était peut-être ça le plus difficile
faire semblant

jusqu'à cet hiver
la magie s'est rallumée
l'envie de se balader
dans les rues décorées
admirer les arbres habillés de doré
flâner
faire abstraction du monde dans les villes
pour ne voir que ses lumières
et *la beauté des choses simples*

prendre son temps
manger des churros sur un banc
sentir toutes les odeurs
de la parfumerie
choisir avec soin
un joli ruban pour orner ses cadeaux
couper un sapin sur le chemin
et le décorer avec ce qu'on a sous la main
s*implement*
cette fois
nul besoin de faire semblant

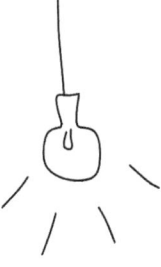

le plaisir de partager
offrir et recevoir
se réchauffer le cœur
le temps d'un Noël

c'était finalement
à nouveau possible
retrouver cette lumière
que j'avais perdue

il était grand temps
de rallumer les étoiles

- la première fois que j'ai écrit sur le bonheur

aux pays des flocons
des fous rires éclatent sans arrêt
la douce fragilité de la neige me charme
aussi blanche que froide dans le creux de ma main
pure et glaciale

il y a longtemps qu'une douloureuse avalanche
n'a pas pris mon cœur au piège
que la brume des montagnes n'a aveuglé mes pensées
j'entends mon rire résonner
dans la vallée de l'euphorie éphémère de ma vie

je profite de cette période qui se fait rare ici
je respire tout ce qu'il y a de si beau
si chanceux
et c'est là que je réalise que c'est ça
le bonheur

le bonheur, ce mot
que seul le ciel sait à quel point j'ai peur de l'écrire
et qu'il m'a fallu du temps pour le faire

en décidant de me relever de ma chute
de sortir la tête de l'eau
j'apprends à vivre cette vie
et à aimer ce qu'elle peut offrir

je t'ai tant haï
j'ai essayé de fuir ton reflet dans le miroir
plus d'une fois
toi et moi étions séparés
nous étions ces étrangers
dans la même maison
tu ne m'appartenais plus
je t'ai abandonné
je t'en ai voulu
d'être comme tu es
je t'ai maltraité
pardonne moi
mon corps
pour t'avoir négligé
à tort

- la réconciliation prend du temps

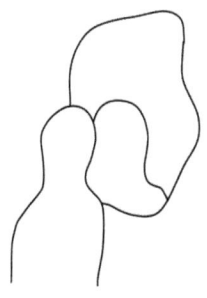

cherche le beau un peu partout
cultive la sensibilité
derrière les choses simples
laisse-toi surprendre
dans le quotidien
sans quoi
il n'y aurait plus rien à découvrir
si ce n'est la banalité et l'ennui

- *savoir ré-enchanter le monde*

l'art
la poésie
le beau
le romantisme
l'amitié
la thérapie
la philosophie
m'ont sauvée
de la barbarie
de l'absurde
de la haine
du dégoût
de la cruauté

et toi, qu'est-ce qui te sauve ?

j'imagine que la vie
comme le ciel
déborde d'une myriade
de teintes
d'inimitables nuances
d'innombrables couleurs
qui dansent
se heurtent
saturent
s'ajustent
se mélangent
se fondent
et réapparaissent
tout oscille
tout balance
jamais rien
n'est tout noir
ou tout blanc
il n'y a juste
que des souffrants
qui essayent
selon leurs propres
palettes
mouvantes

chaque nuit
porte en elle
une lune qui éclaire
et la promesse
d'un ciel bleu

fallait-il que je termine ce livre
pour le fermer
pour clore ce chapitre de ma vie
couleur bleu nuit

- vais-je pouvoir écrire autrement ?

dire stop

au cercle vicieux

de la douleur

je remercie
les belles âmes
qui m'ont permis
de me sentir vivante à nouveau
vous qui n'avez cessé
d'espérer pour moi
quand je n'y croyais plus

peut-être dois-je
me remercier aussi
pour avoir
choisi la lumière
à la douleur

sans elle
sans vous
bleu nuit
n'aurait su voir
le bleu du ciel

- *gratitude*

dans le vase dessiné
de nos fêlures
nos fractures de l'âme
nos blessures rafistolés
boiteux, troué, fuyant
mais pas anéanti
dans l'ombre et l'humidité
grandiront peut-être
les plus belles fleurs
qui seront les nôtres

si par malheur
tu traverses un tunnel
sans y apercevoir
la lumière au bout
je t'en supplie
continue de marcher
rampe s'il le faut
et appelle à l'aide
pour de vrai

- tu mérites de revoir le soleil briller

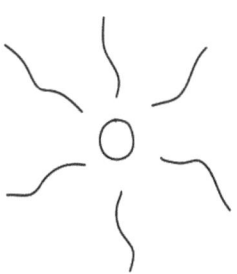